글 · 발렌티나 그랑데   일러스트 · 에바 로세티

페미니스트 아트

예술을 영원히 뒤바꾼 여성들

그래픽 평전

초판 1쇄 펴낸 날 2022년 1월 25일

글   발렌티나 그랑데

일러스트   에바 로세티

옮긴이   아이오와 편집부

디자인   디자인오팔

펴낸곳   아이오와

등록   제2021-000262호

이메일   iowabooks21@gmail.com

인쇄   예림인쇄

종이   삼영페이퍼

물류   문화유통북스

ISBN 979-11-972105-5-6 03330

*아이오와는 산현재 출판사의 교양서 브랜드입니다.

글·발렌티나 그랑데　　일러스트·에바 로세티

페미니스트 아트

예술을 영원히 뒤바꾼 여성들

그래픽 평전

아이오와

CONTENTS

서문

단 한 권의 책이 페미니스트 예술 운동을 전부 이야기할 수 있을까?

아닐 것이다. 시나리오 작가로서 나는 페미니스트 아트가 무엇이라고 한 마디로 축약해서 말할 수 있다고 주장하지는 않으련다. 페미니즘에 관한 정의가 논의의 출발 지점이라면 더더욱. 단 하나의 페미니즘이 아니라 여러 페미니즘이 존재한다. 이 책의 한 가지 목표는 다양한 페미니즘들의 중요하고 결정적인 주제들을 집중 조명하는 것이다.

페미니스트 아트란 여성들이 제작한 아트가 아니다. 페미니스트 아트는 기법적 선택이나 혁신적 형태라는 미덕이 그 변별적 특징이 되는 예술 운동도 아니다. 그것은 예술가들이 여성의 권리를 위해 활동가로 나섰던 예술적·정치적 운동으로, 이 운동에서 예술가들은 자신들의 투쟁 수단으로 예술을 활용했다.

확연한 페미니즘적 주제를 자기 작품의 일부로 드러내는 작품들을 제작했음에도, 자신을 페미니스트로 생각하지 않거나 그러한 규정짓기를 회피했던 위대한 예술가들이 있다. 그러나 나는 자신을 페미니스트라고 선언하며 그러한 자기규정을 자신의 예술 스타일의 핵심 특징으로 삼았던 예술가들을 줄곧 선호해 왔다. 자기의 작품 전체를 이 주제에 바쳤던 이들은, 그럼으로써 이 운동에 핵심이 되는 인물들과 다른 모든 여성 예술가들에게 힘을 불어넣기를 소망했는데, 예를 들자면 지나 파네Gina Pane, 레지나 호세 갈린도Regina José Galindo, 한나 윌키Hannah Wilke 같은 이들이 그러한 이들이다. 이들은 지면 관계상 이 책에는 등장하지는 않는다.

이 책에서 내가 선택하고 그 삶을 이야기한 예술가들은 네 가지 다른 면을 성찰하게 한다. 주디 시카고는 페미니즘 운동의 선구자 가운데 한 명이었다. 시카고는 페미니즘 운동이 출현하는 것을 보며, 언어의 재인식에 힘썼다. 그녀의 행동은 질, 피, 위생 타올 같은, 불행히도 그때까지 금기로 남아 있던 것들을 지칭하고, 그것을 다시 표현하는 정치적 선택이었다. 시카고의 활동은 프레스노 시절 전환기를 거쳤는데, 그 시절은 예술 기법을 공부하기 전에 자신들이 지닌 인간적 능력부터 알아채도록 격려되어야 했던 한 여학생 그룹을 그녀가 지도하던 시절이었다. 당시는 페미니즘 운동 역사에서 실험이 이어지던 초기 단계였다. 주디 시카고는 여성 정체성의 강력한 상징인 질을 출발점으로 삼았다.

책에 등장하는 두 번째 예술가인 페이스 링골드는 아프리카계 미국인 여성이었는데, 1970년대 당시 중산층 백인 여성들을 위한 운동이던 페미니즘의 한계를 성찰했던 인물이다. 당시 페미니즘 운동은 자체 투쟁에 시민의 권리라는 문제를 포함하고 있지 않았다. (아나 멘디에타 역시 같은 점을 지적했다.) 그에 따라 당시 흑인 여성들은 두 가지 전선에서 투쟁하고 있었다. 한편으로는 여성으로서, 다른 한편으로는 흑인 여성으로서 투쟁했던 것이다. 페이스 링골드에게 그랬던 것처럼, 종종 이들은 자신들의 지역사회 내 장벽에 부딪쳤는데, 흑인 남성들이 이들의 운동에서 위협을 느꼈기 때문이었다.

쿠바에서 태어나 미국에서 망명 생활을 했던 아나 멘디에타는 기원과
정체성이라는 개념에 시선을 돌렸다. 자신의 작품에서 멘디에타는
고향이 아니라 만물의 기원으로 회귀하는 길을 추구한다. 모든 살아 있는
존재자들의 기원이자 마지막이며 자기 형성인 여신, 위대한 어머니라는 신화.
동시에 멘디에타는 퍼포먼스 작업 속에서 정체성이라는 주제에 몰두했다. 그녀는
모든 사람 안에 들어 있는 잠재적 '나'의 범위를 탐구했다. 그 당시, 젠더 연구 분야는 '젠더'
라는 것이 왜 남성이나 여성과 관련된 일련의 행동들의 반복에 지나지 않는지를 분명히 밝히고 있었다.
여성 예술가들은 이러한 이론적 전진을 자기만의 것으로 만들었는데, 그럼으로써 관망자이기만 했던
사람들로 하여금 우리 모두에게 내재된 무수한 가능성에 참여하도록 했다. 멘디에타는 1985년 34층
아파트 발코니에서 떨어지는 비극 속에서 생을 마감했다. 남편이었던 조각가 칼 앙드레는 살인 혐의로
재판에 회부되었다. 그 부부가 다투는 소리를 들었고, 곧이어 멘디에타가 떨어지기 직전에 '안돼'라고
외치는 소리를 들었다고 한 이웃이 증언한 이후였다. 두 차례 재판이 열렸고, 남편 칼은 증거 불충분으로
무죄 판결을 받았다. 이 이야기는 미술계를 변호하는 쪽과 비난하는 쪽으로 갈라놓았다. 심지어
지금까지도 칼 앙드레가 전시를 열 때마다 그의 작품을 보이콧하는 동시에 멘디에타를 기억하자는
시위가 일어나고 있다. 우리는 이제 곧 독자 여러분이 읽게 될 이 이야기 안에 그녀의 죽음에 관한 상황은
포함하지 않기로 했다. 또한 칼 앙드레라는 이름도 언급하지 않기로 했다. 실제로 무슨 일이 일어났든,
아나 멘디에타는 한 명의 예술가로서 존재했고 그렇게 기억되어야 한다.

이 책의 마지막 장은 우리 여정의 가장 포괄적인 종착점을 대변하는 이들인 게릴라 걸스의 진술로
마무리된다. 이들은 일정한 정체성이나 소재지가 딱히 없는 페미니스트 아티스트들이다. 이들은 이
세상의 모든 여성을 대변한다. 과거에는 망각되었던 사람들, 오늘날엔 문화란 모든 사람과 모든 성별을
위해 존재하는 것이고 모든 사람과 성별을 표현하는 것이라는 생각이 상식이 되도록 투쟁하고 있는
이들을. 게릴라 걸스는 분야를 넘나드는 페미니스트들이다. 이들은 미술계에서 여성들에게 자행된
것만이 아니라 흑인, 게이, 레즈비언, 트랜스젠더 그리고 가부장적 특권에 의해 억압받는 모든 이들에게
자행된 부당함 모두를 문제 삼는다.

특권 사다리에서 가장 낮은 층에는 장애인, 흑인, 트랜스젠더, 레즈비언, 이주 여성이 자리 잡고 있을
것이다. 이들은 과연 존재하기는 할까? 물론 그렇지만, 이들은 사회에서 보이지는 않는다.

게릴라 걸스 그리고 모든 페미니스트 예술가들은 사회적 약자들이 그들 스스로 자신에 대해 목소리를
내도록, 아무도 그들이 존재하는지 아닌지 더는 궁금해하지 않도록 지금 이 순간에도 분투하고 있다.

발렌티나 그랑데

1960년대 말, 변화의 분위기가 감돌고 있었다.
권리 인정을 요구하며 사람들이 거리로 쏟아져 나왔다.

1968년 미스 아메리카 대회는
여성들이 브라를 불태우기 시작한 날로
기억될 것이다...

...실제로 불을 낸 사람은 없었지만.
그러나 속옷을 빈 통에 던져넣는 행동 자체가
워낙 공격적인 행동이어서
정말로 뭔가 불타는 듯한 인상을 주었다.

그들은 틀리지 않았다.

그 장면들을 보고 어떤 이들은 1964년 오노 요코의 공연 <컷 피스CUT PIECE>를 떠올렸다.

사람들은 커팅을 이어갔다.

...그리고 나는 거기 앉았다, 마치 돌처럼

...그러나 그 돌의 안쪽에 얼마나 대단한 강인함이 있었던지 사람들은 알지 못했다.

오노 요코
예술가

1972년, 브루클린 미술관 입구 밖에서
일군의 여성 예술가들이 시위를 조직했다.
여성 예술가들의 전시회를 더 많이
개최하라는 요구였다. 미술관 100년 역사상
단 한 명의 여성만이 전시회를 열 수 있었다...

2007년, 같은 미술관은 페미니스트 아트를 위한
엘리자베스 A. 새클러 센터를 오픈했다.
예술계에 혁명을 일으킨 여성 예술가들을 위한
전용 공간이었다. 실제로 이들은 혁명을 일으켰다,
하지만 형태가 아니라 내용으로...

이들은 지배 문화에
균열을 만들어냈고,
그 문화를 여성의 관점에
노출시켰으며,
여성 자신의 것이 아닌
역사를 일체 무시했다...

여성으로서 제가 가진 힘은,
타인들에 의해서
제가 정의되는 것이 아니라
저를 스스로 정의함에서
나오지요.

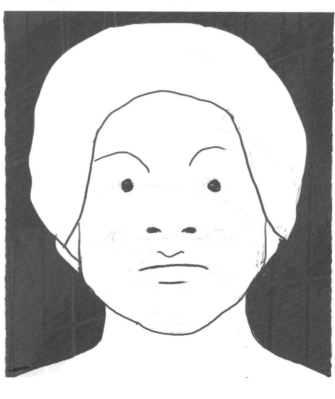

오드리 로드, 작가이자 페미니스트 활동가

주디 시카고

몸에 대한 자부심

그림을 그리기 시작한 건 세 살 때부터였어요.

부모님은 매카시즘 반공주의의 희생자셨어요.
어느 날 한 남자가 집 안으로 막무가내로 들어왔었죠.
수년이 지나, 그 남자가 FBI 요원이라는 걸 알게 되었어요.

꿈을 포기하라고 단 한 번도 제게 요구한 적이 없었음에
늘 엄마에게 감사하고 있어요.
사실, 제 꿈은 엄마의 삶을 더 편안하게 하는 거였지요.

제 꿈은 예술가가 되는 거였어요. 하지만 저는 제 성별이
예술가가 되는 일에 장벽임을 깨닫게 됩니다.

아버지는 정치 활동 때문에 실직하셨지요.
그 후 아프셨는데, 귀양으로 돌아가셨어요.

오르가즘을 처음 느낀 건 여섯 살 때 토미와 함께였어요.
그 해의 마지막 날이었죠. 저는 제가 창녀인 줄 알았어요.

제 남편 제리는 자동차 사고로 죽었어요.
저는 해변을 찾았어요. 바람, 모래, 파도 소리를 느끼고 싶었죠.
고통 속에서 깨달았죠. 제가 믿을 수 있는 것은
오직 저 자신뿐임을. 모든 것이 불확실했으니까요.

저는 저 자신의 이익을 위해서 정치와 예술을 뒤섞었다는
비난을 받아왔어요.

저를 오직 침대에 눕히려고만 했던 남자들,
저에게서 돌봄과 관심을 기대했던 남자들,
제 작품을 두려워했던 남자들을 알고 있지요.

저는 제 성姓을 시카고로 바꿨어요,
블랙 팬서들이 그랬듯이요. 저만의 고유한 삶을
통제하고 싶었어요. 저만의 고유한 이름을 선택하고 싶었죠.

1985년 뉴욕

주디는 밖에 나가
꽃을 사오겠다고 했다.

9월의 어느 청쾌한 날이었다.
그날 저녁 브루클린 미술관에서
여성 예술가들의 집단 발표회가
예정되어 있었다.

먼 옛날, 그녀의 두 번째 남편 로이드
(그도 예술가다)가 어느 갤러리 운영자에게
자기 작품 이외에 주디의 조각 작품
한 점도 검토해달라고 부탁한 적이 있었다.
그 운영자는 주저했다.

왜냐하면 — 그렇다 —
주디가 여자였기 때문이다.

그들은 그녀에게 너무나도 자주
그 말을 하지 않았던가?

훌륭하시네요.
하지만 예술가가 되길 원하는지
여성이 되길 원하는지,
당신은 선택해야만 해요.

당신이 그린 그림은
너무 훌륭하네요.
마치 남자가 그린 것처럼
보여요.

그러나 지금 주디는 유명하다.
그리고 바로 그 갤러리 운영자는
자기가 처음으로 그녀의 작품을 좋아한
사람 중 하나라고 떠들며 다닌다.

잎들이 반짝이고 있었고, 프레스노*에서 맞았던
아침들을 떠올리게 했다.
여성 예술 프로그램에 참여한 어린 학생들과 함께
임대한 스튜디오를 향해 걸어갔던 아침들 말이다.

*프레스노: 캘리포니아 주의 한 도시

예술가 지망 여성을 위해 만들어진
첫 번째 프로그램에서 그녀는 교사로 참여했다.
하지만 그녀는 그들에게 다른 무엇인가를
전해주는 역할을 했다...

...그건 그들 각자의 소망을 자각시키는 일이었다.
즉, 그들이 살고 싶어 하는 삶이 무엇인지를.
하지만 그건 쉬운 작업은 아니었다.

이야깃거리

메이크업

패션

남자 친구

아시죠, 지금 여러분은 저를 너무나도
지루하게 만들고 있다는 걸.
예술 공부하겠다고 이 자리에 모인 거잖아요.
책이나 정치 운동, 영화나 예술가들...
그런 이야기를 왜 저는 못 듣는 거죠?
여러분은 이 가운데 그 어떤 것도
이야기하고 있지 않아요.

우리는 그런 것들에
익숙하지 않아요.
우리의 생각이 무엇인지,
누가 물어본 적도 없고요.

맞는 이야기였다. 이들이 들었던 수업에서는 남성 예술가들을 가르쳤다. 그들 자신에게 중요한 주제를 천착하는 일에는 아무도 관심이 없었다 그들 자신의 여성성과 관련된 모든 것이 무시되었다.

미술사학자 파울라 하퍼*에 따르면 여성을 그린 숱한 그림은 여성을 재현하고 있지 않아요. 그건 그저 여성에 대한 남성들의 환상일 뿐이죠.

팜므 파탈 같은 거요?

아니면 천사 같은 여성이거나 마녀이거나... 미술은 에로틱 상징주의, 지배당하는 여성으로 가득하지요.

뭐가 문제인지 아세요? 우리가 그 여성들을 우리 자신에 관한 보편적 상으로 본다는 것이죠. 그건 실은 세계 인구의 절반이 우리를 보는 방식일 뿐인데요.

우리가 누구인지 우리 스스로 말할 날은 언제일까요?

*파울라 하퍼 Paula Harper: 미국의 미술사학자

주디는 프레스노 시절을 떠올렸다.
시야를 넓히고 대답을 요구하는
그런 질문들을...

이윽고 꽃집 앞에 도착했다.
그리고 문득 줄기가 긴 꽃들로 생각이 향했다.
그녀는 그 꽃들을 사랑했다.
그 꽃들은 조지아 오키프가 그린
경이로운 그림 속에 있었다...

...오키프의 작품은 그녀에게 명성을 준 작품, <디너 파티>의 도상에 영감을 주었다...

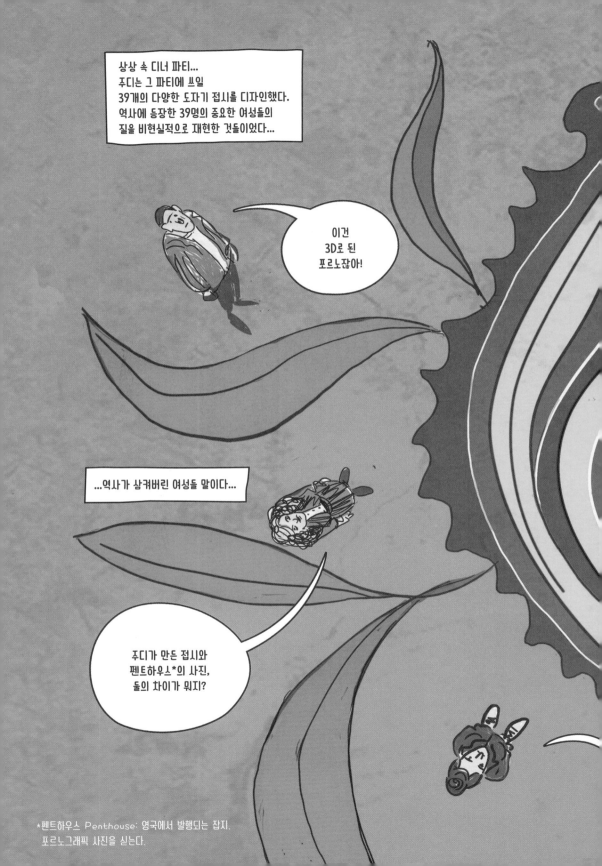

상상 속 디너 파티...
쭈디는 그 파티에 쓰일
39개의 다양한 도자기 접시를 디자인했다.
역사에 등장한 39명의 중요한 여성들의
질을 비현실적으로 재현한 것들이었다...

이건
3D로 된
포르노잖아!

...역사가 삼켜버린 여성들 말이다...

쭈디가 만든 접시와
펜트하우스*의 사진,
둘의 차이가 뭐지?

*펜트하우스 Penthouse: 영국에서 발행되는 잡지.
포르노그래픽 사진을 싣는다.

왜 질을 선택했냐고?
왜냐하면 '질'이라는 단어는
말해서는 안 되는 단어니까.
페미니스트로서 그녀는
사물의 이름을 되찾음에
권력이 존재함을 알고 있었다.

...여성성을 대변하는 말로
질은 낡은 단어였다.
그것을 되찾고, 가장 강력한 용어로
주장해야 했다. 그것이 실재함을
확실히 해두기 위해서.

여성은 이상화된 이미지들은 아니다.
지난 몇 년간 그녀는
얼마나 많은 여성 도예가, 목수,
작가, 화가, 디자이너들과
함께 일해왔던가?

그들 각자에게는 자기를
드러내는, 그들만의 풍부한
감정 저장고가 있었다. 그들은
누군가에게 자신을 입증할 필요가
더 이상 없었다...

...그리고 그녀는 미미를 생각했다...

1971년 캘리포니아, 산타 클라리타

주디는 친구이자 예술가인
미리암 샤피로*에게 도움을 청했었다.

그리고 1970년 페미니스트 아트
프로그램이 탄생한다...

...이어 우먼하우스가 마련되었다.
작품 설치와 공연을 위한
공간이었다...

*미리암 샤피로 Miriam Schapiro: 캐나다 예술가.

...페미니스트 관점에서
완전히 새롭게 디자인된 하우스였다.

미미도 주디와
같았다.
실질적인 변화는
그들 자신이
누구인지 자각하는
여성들로부터
시작된다고
그녀는 믿었다...

...그리고 어떤 면에서 그들은 성공했다.
그들은 한 시대의 성격을 규정지었다...

작별은 주디의 삶에 늘 함께 해왔다.
아버지의 죽음, 첫 번째 남편, 제리의 죽음...

...그러나 이 세상을
결국 떠나고 만다는 두려움을
누그러뜨린 것이 있었다.
변치 않는 삶의 장소와
사람들이 확실히
존재한다는 사실이었다.

아마도...어쩌면.

주디의 작품 <붉은 깃발>은
어떤 기억에서 비롯되었다...

그녀의 어떤 친구들은
생리를 '역겹다'고 했다...

그래서 주디는 질에서 나오는
피투성이 솜뭉치를 사진에 담았다.
우리에게 중요한 무언가에 관해
이야기하지 않는다는 것은 곧
우리 자신의 존재를 부정하는 것,
우리 자신의 일부를 부끄러워하는 것이다.

하지만 그것의 진실 전부가 보여질 필요가 있다.
피가 묻은 솜뭉치를 꺼내는 손은 여성의 삶의 일부이고, 모두가 그것을 수용해야만 한다.

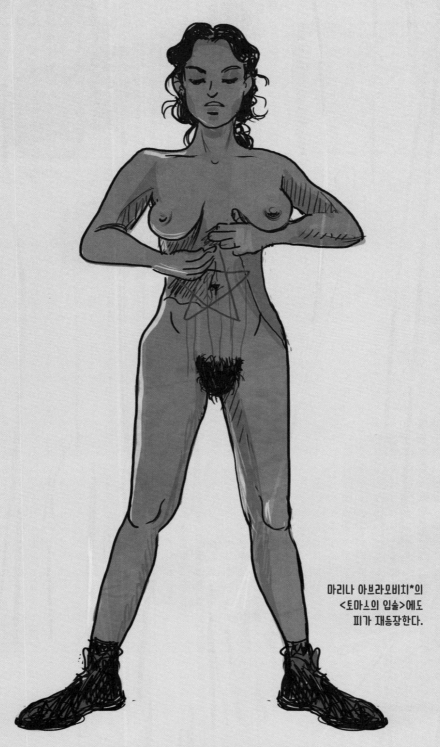

마리나 아브라모비치*의
<토마스의 입술>에도
피가 재등장한다.

*마리나 아브라모비치 Marina Abramovic: 세르비아 출신 미국 예술가.

또한 캐롤리 슈니만*이 만든
공연에도 등장한다.
이 공연에서 붉은 우산은
월중 생리를 의미했다.

*캐롤리 슈니만 Carolee Schneemann: 미국 예술가.

주디는 금기를 깼다.
그리고 두려워했었다...

...진실을 남자들에게 드러낸다는 것을.
우리는 그들이 우리를 바라보고 싶어 하는 식의 존재가 아니라는 진실을...

...또 두려워했었다.
그들을 거세할까봐
그들을 약자로 만들까봐...

주디는 나무 사잇길을 걸으며
햇살 속을 자랑스러운 마음으로
걸을 수 있었다.

예술가이자 여성으로서
자신이 진실된 삶을 살았다는
느낌이 찾아들자,
두려움도 가라앉았다.

...단어들, 우리 자신에게
거부되었던 단어들,
그것들을 되찾는 일에서
시작되었던 삶...

...그건 그녀의 아빠가
그날 밤 그녀에게
가르쳐준 것이었다.

1952년 시카고

주디는 그가 그 자줏빛 벨벳 안락의자에 앉아 재즈를 듣고 천천히 채스터필드*를 피우는 모습을 기억했다.

소녀 시절, 주디는 아버지가 집에서 보내는 시간이 언젠가부터 왜 길어졌는지 알지 못했다.

*채스터필드: 담배 브랜드명.

페이스 링골드

아프리카계 미국인 여성을 위한 목소리

내가 태어난 곳은 할렘,
때는 대공황 시기였다.
꼬맹이 때, 천식을 앓았는데
학교도 갈 수 없을 정도였다.
그래서 많은 시간을
집에서, 그림 그리며 보냈다.

나는 페미니스트
-미술가-활동가이다.
흑인 예술 해방을 위해 나는 학생들과
미술가들을 이끌고 있고,
미술관들이 흑인 여성에게 더 많은 기회를
제공할 것을 요구하고 있다.
1970년엔 체포되었는데, 미국 국기를
모독했다는 것이 이유였다.

페이스는 자신의 회화작품을
어느 여성 갤러리 운영자에게 가져가 보여 주었다.
인상주의 스타일의 작품들이었다.
프랑스풍의 주제를 다룬...

...그리고 자신의 작품이 거절당하는 고통 속에서
그녀는 자신이 진정 어떤 존재인가를 알아차렸다.
앞으로 자신이 무엇을 그릴 것인지도...

...왜냐하면 우리가 우리 자신의
이야기를 이야기하지 않는다면,
미래에 다른 누군가 그렇게 할 것이니까.

그리고 그녀는 자기 이야기의
자양분이 할렘에서 보낸
어린 시절의 기억임을 알고 있었다...

...디나 워싱턴*이 살았던 아파트의 기억,
동네 일부를 날려버렸던 화재의 기억...

...여름날 오후, 무더위에 지친
사람들에 관한 기억,
그런 오후엔 꼬맹이들이
소화전을 열곤 했지,
그리고 그때 하늘은
빛의 진주로 가득 찼었지...

Kennedy
FRIED CHICKEN

*디나 워싱턴 Dinah Washington: 미국 가수이자 피아니스트.

...식구 전부가 옥상으로 올라갔던,
바람 한 점 없던 그날 밤의 숨 막히던 열기...

...그날 밤엔 별들이 그닥 많지 않았었어.
그리고 리버파크 넘어, 윌리엄스브릿지로
이어진 길을 따라 걸으며 문득 이탈하고 싶었던 마음.

당시 너무 어렸던 페이스는
하늘을 나는 아프리카인들에 관한 신화를 몰랐다.
하늘을 나는 초능력을 타고 난 이들,
그래서 노예 신분을 벗어나 아프리카로 돌아갈 수 있었던 이들...

...그러나 그 신화는 그녀의 선조들의 핏속을 흐르고 있었다.
그녀 자신의 핏속도...

...그 자유는 하늘을 날아가는
시간에 있을 터였다.

페이스가 자신의 예술재료와 예술 형식으로 이야기 퀼트*를 선택한 건 바로 그런 이유에서였다.

...숱한 노예 여성들이 자신들의 백인 주인들을 위해 따뜻한 퀼트를 바느질로 지었었다. 그리고 바느질할 때 그들은 서로에게 이야기를 들려주곤 했다...

...그들의 실은 그들의 자식을 조만간 자유롭게 해줄 비행을 통한, 아니면 지하 철도를 이용한 탈출이라는 가능성의 조각들을 엮고 있던 것이다...

*퀼트: 누비이불.

직물에 손수 솔질할 때마다 페이스는
자신이 참여하고 있는 위대한 모험을 생각했다...

...자신의 힘으로 이 퀼트를
예술 작품으로 탈바꿈시키는 모험을...

...여성들이 만들었다는 이유로
사소하다고 여겨졌던 예술 말이다...

페이스는 생각했다.
밤낮으로 저 퀼트들을
바느질하겠다고,
세대를 이어 여성들이
전해온 그 모든 이야기를
전달하겠다고...

그녀의 첫 번째 퀼트는
앤트 재미마*에게 헌정되었다.
미국 어린이들을 위해 펜케이크를 만들었던,
통통하고 코가 큰 흑인 여성 말이다.

모든 여성이
재미마였다.

*앤트 재미마 Aunt Jemima: 백인 주인에게 봉사하는
나이 든 흑인 여성을 표상하는 상징적 캐릭터.

재미마는 백인들의 시중을 들었던
순종적 흑인 여성들,
남부의 노예들에 관한 신화였다.
그건 엉클 톰만큼이나
호소력 큰 신화였다.
그 어떤 것도 요구하지 않는,
권력의 평등을 위해
그 어떤 주장도 하지 않는 사람들,
바람직한 흑인들에 관한.

그러나 페이스가 첫 번째는 아니었다.
1972년, 예술가 베티 사르*는 주먹을
불끈 치켜들고 손에 총을 거머쥔
재미마의 모습을 설치미술로 제작했다...

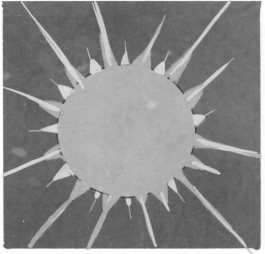

*베티 사르 Betye Saar: 아프리카계 미국인 예술가.

...그 신화로부터 자신을
해방한 재미마의 모습을.

페이스는 다른 이야기를 전달하는
재미마를 만들기로 결정한다.
그 이야기는 어느 희생자에 관한
이야기는 아닐 것이다.
대신 자신만의 삶을 스스로 결정하는,
의지가 굳건한 어느 여성에 관한
이야기일 것이다.

눈에 띄는 코와
혈색 좋은 몸이
편견을 깼다.
그녀의 참모습을
보여주었기 때문이었다...

...그녀는 사람들이
무서워하는 여성이었다.
자기 운명을 스스로 결정한
사람이었기 때문이다.
그건 그녀의 마지막이
위대한 결말이어야만 하는
이유이기도 했다.

자기 삶도 그 같은 결말이기를
페이스는 소망했을 것이다.
왜냐하면 미술가로서 그녀는
투쟁을 멈춘 적이 없기 때문이다.

남성이 아니거나 백인이 아닌 자,
그 누구에게도 미술계는 닫혀 있었다...

그날 아침 그녀가 할렘 거리를 자랑스럽게 걸을 수 있었다면,
그건 그녀가 여성으로서 또 흑인 여성으로서
자신의 정체성 가운데 그 어떤 것도 희생한 적이 없기
때문이었다...

...흑인 미술가들을 미술 전시회에 더 많이 참여케 하라고 큐레이터들에게 촉구했던, 1960년 뉴욕에서 열린 최초의 시위부터 지금까지 말이다.

그날 페이스는 자신이 페미니스트임을 깨달았다. 이때가 그녀의 활동이 시작된 순간이었다.

1968년, 그들이 훨씬 더 많이 요구해야 한다는 사실을 깨닫게 해준 이가 있었다. 역시 페미니스트 활동가인 딸 미셸이었다. 휘트니 미술관 정문에서 진행 예정인 시위가 있었다.

임시로 구성된 여성 예술가 위원회가 이날 시위의 주관 단체였다. 예술 비평가 루시 리퍼드, 예술가 낸시 스페로도 시위에 참석했다.

뭔가 큰 일에 함께 한다는 기분이네요!

큰 일이죠. 사람들의 생각이 움직이고 있어요. 여성들이 단합하고 있어요.

낸시 스페로

우리의 시위가 남자들이 만든 미술에 대한 반발로 인식되기를 전혀 원치 않아요. 우리는 미술계가 여성을 포용하게 하려고 시위하는 거라고요!

루시 리퍼드

결국 그렇게 되지는 않을 거라고 생각하시나요? 여러분의 예술은 행동이죠. 여러분의 행동은 여러분의 예술 안에 살아 있고요. 우리가 하는 행동 하나 하나가 정치적이에요. 그들이 무얼 생각하느냐는 중요하지 않아요.

당신 말이 옳아요. 누군가가 우리를 위해 말해줄 때까지, 우리가 누구이고 우리가 무얼 원하는지 그들이 우리에게 말해줄 때까지 가만히 앉아서 기다리고 있지는 않을 겁니다.

그날들을 그리고
그때의 열정을
다시금 떠올릴 때면,
흑인 자매들의
얼굴들이 페이스의
눈앞에 아른거렸다.
다시 또 보이지 않는 존재가
된다는 두려움과 함께...

미국 페미니즘은 중산층 백인 여성의
운동이었다. 그 운동에는 흑인 여성에
대한 관심이 거의 없었다.

그러나 여성의 권리 문제라면
흑인 남성이 백인들보다 나은 것도 아니었다.
그녀의 딸 미셸은 오직 가부장제를 재생산했던
흑인 마초들의 성차별적 신화를 맹비난했다.

그러니까 흑인 여성이
목소리를 내려면,
남성보다 더 강인해야 했고
백인 여성보다
더 전투적이어야 했다.

이 모든 것에도 불구하고 그 시절, 사람들은
어떻게 자신들이 세상을 바꿀 수 있다고 믿었었는지...
페이스는 그런 걸 생각했다.
그런 식은 이제 더는 통하지 않았다.

사람들은 자신들이
충분히 중요한 존재라고
생각하지 않는다.
또한 사람들은
위험을 무릅쓰려
하지도 않는다.

그러나 위험이야말로
창의성의 엔진이지 않은가.
반면 두려움은 창의성을 좀먹는
거대한 적이다...

페이스는 자기 내면으로 밀려 들어오는
엄청난 안식을 느꼈다...

제임스 볼드윈의 말들이
다시금 생각났다.
그는 페이스가
미술가의 길을 걸어가는 여정에
지대한 영향을 미쳤던 작가였다...

우리는 모두 우리가 생각하는 것 이상으로
규정할 수 없는 이들이다.
하지만 우리는 우리의 복잡한 정체성을 부정하고는
그 결과 우리 자신을 빈곤하게 만든다.

"오직 이러한 역설의 그물망 안에서만
이러한 허기, 위험, 어둠 안에서만
우리는 우리 자신이 누구인지를,
우리 자신으로부터 우리를 해방시키는 힘이 무엇인지를
동시에 알아차릴 수 있다."

아나
멘디에타

정체성의 경계를 허물자

나는 쿠바에서 태어났다.
아빠는 변호사였고, 엄마는 화학자였다.

부모님은 나와 여동생 라켈린을 피터팬 작전*이라는 프로그램에
위탁하기로 결정하셨는데, 덕분에 우리는 미국으로 이민 가게 되었다.
그때 난 열두 살이었다.

나는 난민 캠프에서, 나중엔 아이오와주의 위탁 가정에서 살았는데,
5년 후에야 겨우 엄마와 남동생을 볼 수 있었다.
그 사이에 아빠는 하바나에서 정치범으로 복역했다.

내가 예술과 사랑에 빠진 건 열세 살 때였다.
비록 선생님은 내게 재능이 없다고 생각했었지만.

내 또래 애들은 내가 쿠바인이라며 놀려댔다.

*피터팬 작전 Operation Peter Pan: 1960~1962년, 6~18세의 어린이와 청소년을 미국에 이주하게 했던 프로그램.

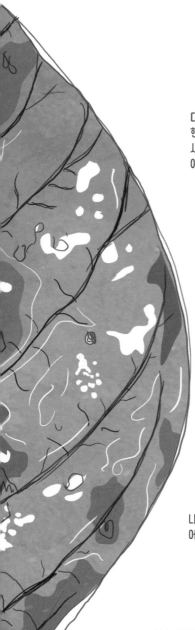

대학교 때의 일이다.
한 여학생이 교내에서 강간당한 후 살해된 사건이 일어났다.
사라 오튼이라는 이름의 학생으로, 나와는 동년배였다.
이 사건에 영감을 받아 나는 내 첫 퍼포먼스를 만들어냈다.

내 몸은 지구에 속해 있고, 나는 내 작품 속에서 지구로 돌아가고자 한다.
내 작품들은 지상 만물을 관류하는 여성 에너지의 한 확장태이다.

나는 뉴욕에서 설립된, 여성을 위한 최초의 갤러리인 AIR에 참여했다.

나는 내 몸과 자연의 상호 연결을 추구했다.
어머니 지구에 돌아가는 길을 찾으며, 나는 나의 실루엣을 자연에 늘 각인하곤 했다.

나는 조각가와 결혼했다.

1985년, 뉴욕

아나는 아이디어 구상 차 외출한다고 말했다.
그녀는 몇 시간 동안 도시를 탈출하겠다고 결심했다.
행선지는 어디일까?
바다였다.

하늘은 진주빛의 어머니였다.
오직 부주의한 자만이
하늘을 잿빛이라 부를 것이다.

문득, 언니와 함께 플라야 델 에스테*에 갔던
그날 아침이 떠올랐다.

*플라야 델 에스테 *Playa Del Este*: 쿠바, 하바나에 있는 해변.

...머지않아 해가 그들을 비출 것이다...

...그러면 모래는 곧 엄청 뜨거워질 것이다...

...그러려면 시간이 얼마나 걸릴지 바다는 그들에게 감을 잡게 해주었다...

얼마나 오래 기다리겠다는 의지가 그들에게 있었던 걸까?

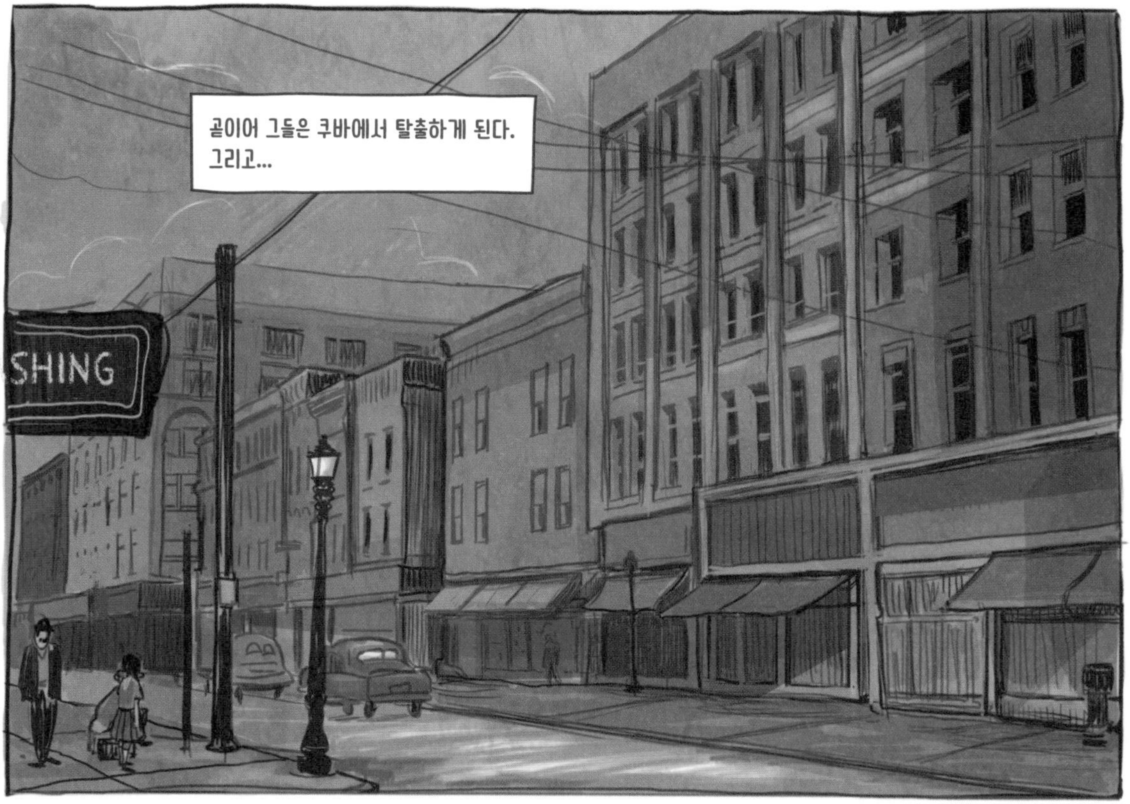
곧이어 그들은 쿠바에서 탈출하게 된다.
그리고...
SHING

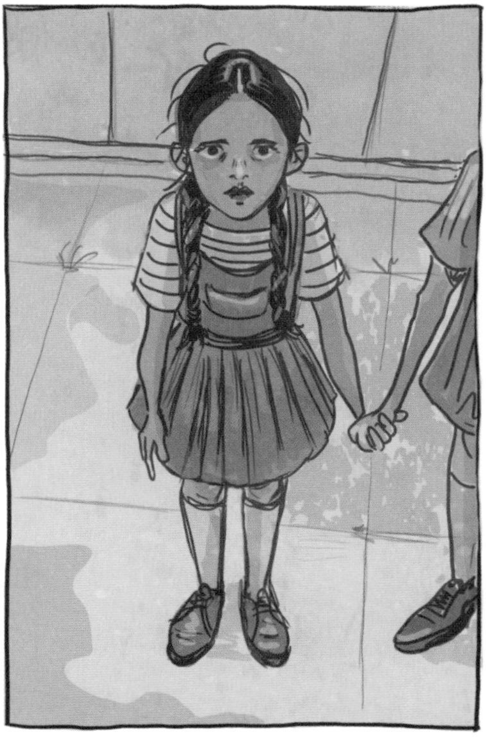

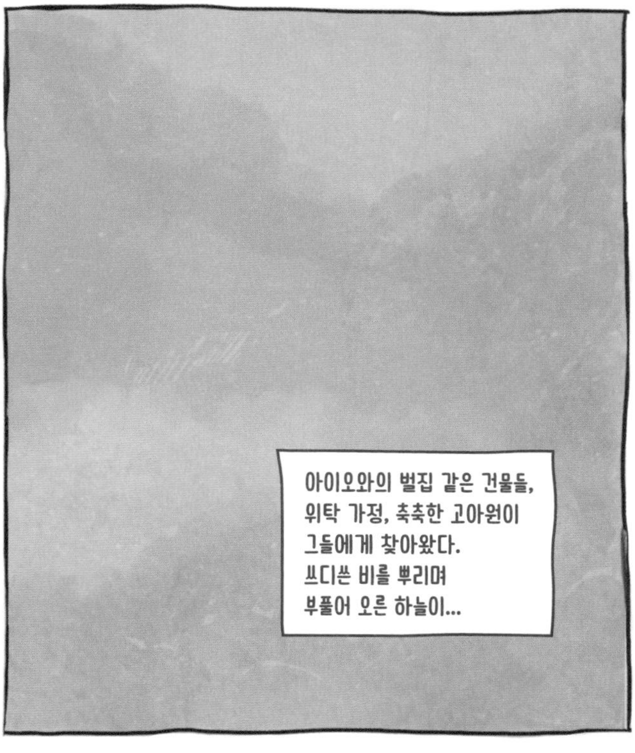
아이오와의 벌집 같은 건물들,
위탁 가정, 축축한 고아원이
그들에게 찾아왔다.
쓰디쓴 비를 뿌리며
부풀어 오른 하늘이...

아나는 자신에게 물었다.
언니 오빠들이 자기를 부른 것처럼,
자신이 정말로 '쿠바인'인지를.

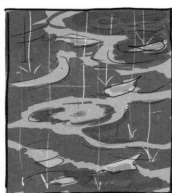

쿠바가 정말로
자기 이야기의
시작이자 결말인지를.

아나는 말로 자신을 규정해보려고 시도했다.
그러다 이미지를 발견해낸다.
예술이 새 길을 열어주었다.

그녀는 아버지,
조국이 아닌
어머니의 품으로
돌아가기를 원했다.

아버지라는 존재는
늘 여성의 몸을 규정했지.

아나에게는 바디 아트에 대한 신념이 있었다.
바디 아트로 그녀는 여성의 몸에 대한
새로운 이야기를 제시했다..

...왜냐하면 인간의 살은
실로 수많은 형태를
취할 수 있기 때문이다.

세인트 홀랜드!
종점입니다.

어떤 비평가는 여성 바디 아티스트들을
자기애에 도취한 자라고 불렀다.

여성들에게는 늘 그런 식이
아니었던가?

여자들이 자기들의 옷을 벗는다면,
오직 남자들을 즐겁게 해주려고
그럴 뿐이라고 생각한다.
하지만 브루스 나우만*이 엉덩이를
드러낸다면, 그건 예술이 된다.

*브루스 나우만 Bruce Nauman: 미국 예술가. 남성이다.

남자, 여자.
모든 몸은 사회적 생산물일 뿐...

...하지만 정체성은 다르지 않나?

커피 주세요.

그녀는 사랑스럽다

그는 강하다

정체성이 오직 하나라고
누가 감히 말할 수 있을까?

그녀는 사랑스럽다　　　그는 강하다

아나는 주디스 버틀러*의 이론을
너무나도 사랑했다!
우리의 정체성을 결정하는 건
우리의 행위다…

…퍼포먼스는
행동이 아니라…

그는 강하다

…우리 자신의 한 형태이다.

*주디스 버틀러 Judith Butler: 미국 철학자이자 젠더 이론가.

우리 안에는 얼마나 많은
정체성이 있는 걸까?

*에이드리언 파이퍼 Adrian Piper: 아프리카계 미국인 개념 예술가이자 철학자.

에이드리언 파이퍼*가
미워하는 사람과 두려운 사람이 되어
지냈던 방식처럼...

**린 허쉬만 리슨 Lynn Hershman Leeson: 미국 영화감독이자 예술가.

...로베르타 브라이트모어라는
허구의 사람이 되어 미국 전역을
2년간 여행했던
린 허쉬만 리슨**처럼...

*엘레노아 안틴 Eleanor Antin: 미국 페미니스트 예술가.

...또는 왕의 상징, 보다 일반적으로는
가부장적 권력의 상징으로
엘레노아 안틴*이 얼굴에 붙인
턱수염처럼...

**신디 셔먼 Cindy Sherman: 미국 예술가.

...신디 셔먼**이 창작한 시네마틱한 사진처럼.
행위를 무대에 올림으로써
모든 퍼포먼스는 행위를 약화시킨다.
바로 우리의 눈앞에서.

그녀가 도시를 싫어한 건 아니었다.
하지만 그녀는 늘 자연 안에 있을 때
최상의 기분이었다.

아나는 자기 자신이 만물을 흘러 다니며,
만물에서 반향하는 단일한 우주 에너지의
일부라고 느꼈다.

발밑에서 서걱거리는 모래 알갱이,
손에 닿으면 바스락거리는 식물...

...먼지와 꽃가루를 흩어버리는
바람의 일부라고.

장례식 게임 때 쓰기에
안성맞춤일 막대기였다...

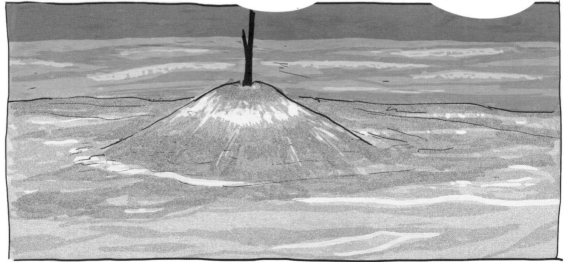

언니 차례야!

좋아, 깔끔하게
처리해주지.
모래를 아주 조금만
빼내는 거야...

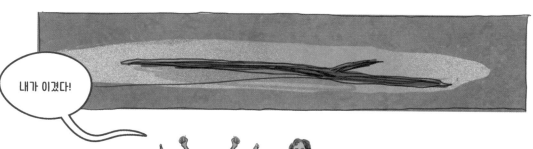

내가 이겼다!

경이로운 미스 아나 멘디에타의 또 다른 비범한 업적!

물론, 그들은 캐리 그랜트를 전혀 만나지 못했다.
라켈린은 미국에서 그들을 기다리고 있던
상황에 대해 현실적으로 처신했다.
하지만 아나는 도착 이후 몇 주 내내 매일 울기만 했다.
쿠바에서 잔혹하게 뿌리 뽑혔던 아나는
자신의 전체 인생을 회복하는 길을 추구하게 된다.

다른 종류의 퍼포먼스인
<더 실루에타스>와 함께
아나는 자기가 태어난 땅으로 돌아왔다.
꽃, 불, 진흙을 사용했는데
자기 몸으로 벌거벗은 땅에
얇은 인상을 남기기 위함이었다.
그건 바람이나 물로 인해
금세 사라지고 말 모양이었다...

...그러나 그것 덕분에 아나는
어머니 지구의 한 확장태가 될 수 있었다.
그녀에게 생명을 준 자궁으로 돌아갈 수 있었다.

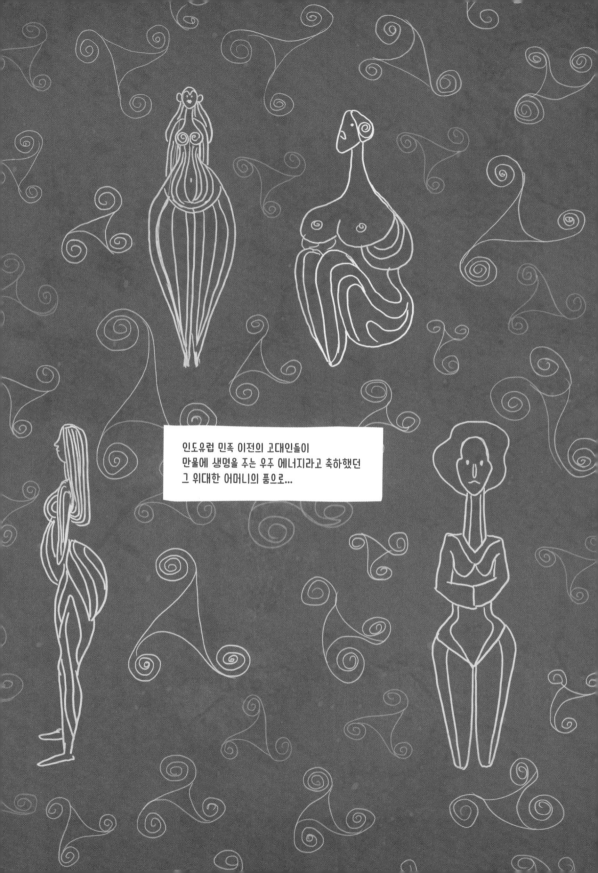

인도유럽 민족 이전의 고대인들이
만물에 생명을 주는 우주 에너지라고 축하했던
그 위대한 어머니의 품으로...

가모장 사회들에서 믿었던,
지구상의 생명을 발생시키고 영속시키는
여성의 품으로...

남성 예술가들은
자연 안에서 작품 활동을 하지 않는다...

...그들은 자연에 자신들을 강요할 뿐...

여성 예술가들은 그런 짓은 하지 않는다.
그들은 누구보다도 앞서서 행동하는
식물들과도 같다...

...그들은 양분이 적은 토양에 생명을 준다...

...그들은 저항하고 견딘다.
그들은 다음에 올 생물들을 위해 토양을 비옥하게 한다.

게릴라 걸스

남성이 지배하는 미술관에
지진 일으키기

우리는 페미니스트 활동가-예술가들입니다.

멤버는 5명, 10명, 또는 55명이었어요. 몇 년간 함께
한 사람도 있고, 몇 주, 몇십 년간 함께 한 사람도 있어요.

우리는 차별과 싸웁니다. 또한 모든 사람, 모든 여자와 남자의 인권을 지지합니다.

미술관은 여성의 나체들로 가득 차 있지만, 미술관 내 작품 중
여성이 창작한 작품은 겨우 5%에 불과하지요.

우리는 세계 곳곳에서 수백 개의 프로젝트를 수행해왔습니다

게릴라는 고릴라를 좋아합니다: 우리는 특정한 정체성을 원치 않아요.
우리는 미술계의 양심을 일깨우는, 충격을 주는 목소리이지요.

우리가 비난성 포스터만 만드는 건 아니랍니다. 우리는 사람들의 마음을
바꾸고 싶고, 유머 감각을 가지고 활동하고 있답니다.

모든 사람에게는 익명으로 자기 생각을 말할 권리가 있어요.
마스크를 쓰게 되면, 당신 안의 얼마나 많은 부분이 자유롭게 자기를 표현할 수 있는지,
아마 상상도 못 하실 거예요.

만일 아무도 우리에게
귀 기울이지 않는다면,
최후의 방법이 있다.
벽보 말이다...

...고대 로마인들도
이 방법을 알고 있었다...

...사랑을 전하는 말도 있었고...

...그들은 의회의 부패를
비난하곤 했다...

그리고 지금은:
모두를 이롭게!

지난 한해 동안 뉴욕 미술관에서 얼마나 많은 여성이 개인전을 열었나?

구겐하임	0
메트로폴리탄	0
모던	1
휘트니	0

말은 휘발되지만,
글은 남는 법.

포스터를 붙였던 그 첫날 밤이
갓 인쇄된 종이와 풀 냄새 속에서
게릴라 걸스가 탄생한 순간이었다.

지난 밤,
뉴욕의 수많은 거리가
미술계를 비판하는 포스터들로
뒤덮였습니다.

포스터들은
도시의 주요 미술관들이
인종 차별, 성 차별을 하고 있다고
비난했습니다.

이 캠페인은 마침
모마MOMA에서
한 국제 회화전이 열리려는
시점에 등장했는데요.

이 유명한 미술관이 비판받은 이유는 전시에 참여하는 169명의 화가 중에서 100%가 백인이고 10% 이하가 여성이라는 사실에 있습니다.

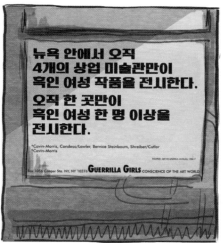

뉴욕 안에서 오직 4개의 상업 미술관만이 흑인 여성 작품을 전시한다. 오직 한 곳만이 흑인 여성 한 명 이상을 전시한다.

*Cavin-Morris, Condeso/Lawler, Bernice Steinbaum, Shreiber/Cutler *Cavin-Morris

Fox 1055 Cooper Sta. NY, NY 10276 **GUERRILLA GIRLS** CONSCIENCE OF THE ART WORLD

여성 예술가들에 대해 충분히 쓰지 않는 비평가들:

John Ashbery	*Robert Pincus-Witten
*Dore Ashton	*Peter Plagens
Kenneth Baker	Annelie Pohlen
Yves-Alain Bois	*Carter Ratcliff
*Edit de Ak	Vivian Raynor
Hilton kramer	John Russell
Donald Kuspit	Peter Schjeldahl
Gary Indiana	Roberta Smith
*Thomas Lawson	Valentine Tatransky
*Kim Levin	Calvin Tomkins
*Ida Panicelli	John Yau

이 행동에는 자신들이 책임을 진다고 밝힌 이들이 있습니다. 전쟁 냄새 풍기는 이름의 한 여성 미술가 집단입니다...

게릴라 걸스

미술계의 살아 있는 양심

...이 집단은 고릴라 마스크를 착용하는데 그들이 누구인지는 밝혀진 바가 없습니다.

News

...그들은 누구일까요?

그들은 과거와 현재의, 덜 유명한 이들로부터 가장 유명한 이들까지 모든 여성 예술가들의 목소리이며, 호명하자면 다음과 같다:

파울라 모더존-베커

에바 헤세

케테 콜비츠

프리다 칼로

알마 우지 토마스

조지아 오키프

성공의 압박에
시달리지 않으면서
작업할 수 있다는 장점!

다른 사람의 작품 속에
당신의 아이디어가
살아 있음을
발견하게 되고요.

당신의 경력은 빛을 발할 거예요,
80이 넘으면 말이죠!

직업여성의 길과 엄마의 길, 둘 중 하나를 선택할 수도 있다.

엄

마

되

기

당신이 무엇을 만들든,
그건 언제나
'여성의', '자의식적'이라는
꼬리표를 얻게 될 테지.

천재라고 불리는
당황스러운 상황에
처하는 일이란
결단코 없고!

고정관념은 겉과 속이 다른 말이 아니라 질문으로 깨야 한다.
게릴라 걸스의 포스터들을 예감케 했던 바바라 크루거*의 작품이 그러했듯.

저는 단어와 이미지들로
작품을 만든답니다.
그걸 바라보는 사람들에게
거울처럼 작용하는
단어와 이미지들이지요.

*바바라 크루거 Barbara Kruger: 미국 예술가.

위선자

만일 당신이 자신의 자유를 위해서 예술을 구매한다면,
하지만 여성이나 유색인종이 만든 예술은 절대 구매하지 않는다면,
자신에게 물어보라, 자신이 위선자는 아닌가를.

수년에 걸쳐 게릴라들은 성장했다.
구성원 수가 늘었고, 그들의 프로젝트들은
전 세계를 순회하게 된다...

그들이 비판했던 미술관들에도
그들의 작품이 전시되었다.

이제 그들은 모든 곳에 있었다...

...그리고 그 누구라도 그들일 수 있었다.

그 누군가는 자기 동일성을 찾지는 않는
그저 그들이 있을 수 있는
장소를 찾을 뿐인 모든 여성이었다...

그리고 아나 멘디에타와 같은 예술가들과 다른 여성들이 어떻게 되었는지 궁금해하는 이들이었다.

아나의 죽음에 관해선
많은 페미니스트 운동이
그녀의 남편을 비난했다.
그는 증거 부족으로
무죄를 선고받았다...

그리고 그 누군가는 평범한 사람들이었다. 즉 당신이기도 하다.
당신이 여자든, 남자든, 트랜스젠더든, 누구든 떨쳐 일어나 여성을 위해 목소리를 높여야 할 시간이다.

페미니즘이 존중받지 못하는 것은 아니다.
하지만 여성의 권리...

...시민의 권리, 흑인의 권리, 그리고 게이와 레즈비언, 트랜스젠더의 권리...

...이러한 것들은 우리 시대의 위대한 인권 운동이다...

...자문해보라, 왜 누군가는
이런 운동을 규제하고 싶어하는지를.

등장인물

마리나 아브라모비치 MARINA ABRAMOVIĆ
(1946) 세르비아 예술가, 현재는 미국 시민.

자칭 공연예술계의 대모. 1970년대 초부터 그녀의 퍼포먼스는
자신의 몸과 관객의 몸의 경계선을 넘나들었다. 이 둘의 관계를 그녀는
육체의 소진, 폭력, 억압, 포기, 심리적 붕괴라는 형식으로 탐구한다.
아브라모비치의 예술은 가능성을 드러내고, 경계를 허문다. 또, 관객의 손에
자신을 맡기는데 그로써 극단적 결과가 초래될 수도 있다.

엘레노아 안틴 ELEANOR ANTIN
(1935) 미국 예술가.

1960년대 초부터 활동해왔다. 그녀의 작품은 다양한 주제를 다루지만, 늘
페미니스트 렌즈를 사용한다. 1970년대부터 1990년대까지 안틴은 다른 젠더,
인종, 직업, 나이의 대안 자아들을 만들어냈다. 다른 정체성을 떠안으면서
그녀는 한층 더 유연하게 정체성을 이해할 여지를 만들어냈다. 동시에 개인의
자유를 제약하는 일체의 규정짓기를 무너뜨릴 수 있었다.

에바 헤세 EVA HESSE
(1936-1970) 독일 출신의 미국 조각가.

1960년대엔 대표적인 포스트 미니멀리즘 운동가였는데,
그 운동에 참여한 소수의 여성으로 알려져 있다.
또한 섬유글라스, 플라스틱, 라텍스처럼 당시에 흔히 쓰이지 않는 것으로
생각된 재료들을 곧바로, 유머 넘치는 방식으로 사용한 것으로도 유명하다.
헤세 스스로 자기 작품을 페미니스트 아트라고 이름 붙인 적은 없지만,
페미니즘을 위한 주제가 작품 안에 보인다는 것은 분명하다.

케테 콜비츠 KÄTHE KOLLWITZ
(1867-1945) 독일 조각가이자 화가.

표현주의 화가이자 베를린 분리주의 운동의 일원이었다. 바우하우스의
영향을 받았던 수년 동안 자기 작품을 발전시켰다. 평화주의자이자
사회주의자로서 그녀는 사회 문제에 대해 명확한 입장을 표명한 역사상
최초의 예술가에 속했다. 그녀의 그림과 조각품, 특히 판화, 석판화,
목판화들은 전쟁 희생자, 빈민, 망각되고 버려진 사람들을 그려내고 있다.

바바라 크루거 BARBARA KRUGER
(1945) 미국 예술가.

디자이너로 훈련받은 후, 사진작가 다이앤 아버스 밑에서 공부했다.
크루거는 패션, 홍보 분야에서 일하다가 그 분야 코드를 활용해
여성을 재현한 표현물 뒤에 숨은 의미를 전복하는 데 사용하기로 한다.
흑백 이미지, 빨간색 배경 위의 흰색 폰트, 도발적 슬로건을 선보이며
크루거는 대중 공간으로 튀어나왔다. 그 어떤 매개도 없이 곧바로 우리를
다루며 우리를 꼼짝 못 하게 하는 문화 비평 작품을 선보인다.

린 허쉬만 리슨 LYNN HERSHMAN LEESON
(1941) 미국 영화감독이자 예술가.

리슨은 여성의 젠더 정체성 구축 과정에서 사회 환경이 미치는 영향력을
연구했다. 1973년부터 1978년까지 로베르타 브라이트모어 ROBERTA BREITMORE
라는 페르소나를 만들어 그 역할을 했는데, 로베르타의 운전면허증,
신용카드, 신분증을 취득했다. 로베르타가 되어 5년간 미국 전역을 여행했다.
2011년엔 다큐멘터리 작품 <여성 미술 혁명>을 발표했는데,
미국 페미니스트 미술 운동 이야기를 담은 작품이었다.

파울라 모더존-베커 PAULA MODERSOHN-BECKER
(1876-1907) 독일 화가.

초기 표현주의 미학의 주창자였던 모더존-베커는
750여 점의 회화, 1000여 점의 스케치를 제작했으나
산후 합병증으로 31세에 요절했다. 작품 주제는 주로 여성들이었다.
특히 모유 수유 같은 내밀한 순간에 포착된 아이 엄마들이거나
남성 회화에서는 거의 완전히 무시되었던 여성들이다.

조지아 오키프 GEORGIA O'KEEFFE
(1887-1986) 미국 화가.

미국 모더니즘의 어머니이자 모마MOMA에서 회고전을 가진 최초의
여성이다. 1920년대에 그녀가 이룬 성공 그리고 색채가 모든 것을 지배하는
듯한 작품의 대담함은 다음 세대 여성 예술가들에게 영향을 미쳤고, 그리하여
(어쩌면 자신도 모르게) 페미니스트 아트 발전을 위한 초석을 놓았다.

오노 요코 ONO YOKO
(1933) 일본 예술가.

인권 운동가이기도 한 오노는 아방가르드 플럭서스 운동에 나선 초창기
멤버 중 한 명이며, 행위 예술, 개념 예술의 선구자에 속한다. 그녀의 작품은
음악에서 공연, 글쓰기, 실험 영화, 설치미술에 이르기까지 다양하다.

하워디나 핀델 HOWARDENA PINDELL

(1943) 아프리카계 미국인 예술가.

핀델은 자기가 만드는 모든 작품에 공통되는 개념 틀에 여러 예술 기법과
장르를 적용한다. 그 작품들은 페미니즘, 인종주의, 노예제, 사회적 부정의
같은 일련의 주제에 대한 그녀의 비판적 시선 속에서 구체적인 형태를 취한다.

에이드리언 파이퍼 ADRIAN PIPER

(1948) 아프리카계 미국인 개념 예술가이자 철학자.

파이퍼는 자신의 목표가 인종주의적 견해를 부수는 것,
사람들이 그것에 맞서도록 돕는 것이라고 말한다.
문제의 뿌리 자체를 겨냥하고, 인종, 정체성, 젠더, 사회적 배경, 아울러 귀속
집단 오해에 대해 강력히 발언하는 작품을 통해서 그녀는 이를 성취한다.

베티 사르 BETYE SAAR

(1926) 아프리카계 미국인 예술가.

1970년대에 사르는 흑인 예술 운동에 참여한다.
당시 이 운동에는 오드리 로드와 니키 지오반니도 포함되어 있었다.
작품 특징은 강력한 정치적 임팩트이며, 작품들은 여성과 흑인에 관한
주류 문화의 고정관념과 싸운다.

캐롤리 슈니만 CAROLEE SCHNEEMANN

(1939-2019) 미국 예술가.

슈니만은 다양한 예술 운동(플럭서스, 네오다다, 바디 아트)에 참여했다.
1960~1970년대에 그녀는 여성의 몸을 에로틱하게 변용해
(종종 잔인한 양식으로) 보여주는 공연·비디오 작품을 창작했다.
그녀의 행동이 지닌 힘과 성적 고발은 나체, 성적 특성, 젠더 재현과 관련된
금기에 의문을 제기했다.

미리암 샤피로 MIRIAM SCHAPIRO

(1923-2015) 캐나다 예술가.

주디 시카고와 함께 페미니스트 아트를 연 선구자 중 하나로 꼽힌다.
집단 프로젝트인 '우먼하우스'에 참여했었다. 샤피로는 패턴·장식 예술
운동의 창시자였는데, 그 예술행위는 예술과 장인정신, 양자를 모두 품고
있었고, 전통적으로 여성과 관련된 사물, 상징, 가사노동의 의미를 전복했다.

신디 셔먼 CINDY SHERMAN

(1954) 미국 예술가.

1970년대 이래 셔먼의 사진 작품은 전형적 남성의 시선과 관련된 여성의
도상을 반영한다. 셔먼은 자화상들을 출시했는데, 사람들의 젠더 역할을
의례화하며 영화 스틸과 미녀 아이콘을 재창조한 작품들이었다. 이 같은
정체성 변용은 이미지주 주체인 셔먼과 이미지를 만든 작가 셔먼 간의 내밀한
관계를 통해 경험된다.

낸시 스페로 NANCY SPERO

(1926-2009) 미국 예술가.

페미니스트 아트를 연 한 선구자로 평가된다. 1972년, 여성 예술가들을
지원하기 위해 세워진 뉴욕 A.I.R. 갤러리의 설립자 중 한 명이다. 스페로의
예술적 생산물은 서구의 특권과 가부장제에 맞섰다. 아나 멘디에타의
친구였는데, 이 쿠바 예술가가 죽은 후, 그녀에게 바치는 일련의 작품들을
창작했다.

알마 우지 토마스 ALMA WOODSEY THOMAS

(1891-1978) 아프리카계 미국인 표현주의 화가.

알마 토마스의 꿈은 건축가였다. 하지만 교사로 진로를 바꾼다.
당시 건축가란 여성에게는 적합하지 않은 직업으로 여겨졌기 때문이다.
은퇴한 시기인 1960년대에야 마침내 회화 창작에 완전히 전념할 수 있었다.
최근 비평가들은 미국 추상주의에 대한 그녀의 기여를 뒤늦게 인정하며,
수십 년간 부당하게 저평가된 그녀의 작품을 재발견하고 있다.

참고문헌

- James Baldwin, *Notes of a Native Son* (Boston, Beacon Press, 2012)

- Jane Blocker, *Where Is Ana Mendieta?: Identity, Performativity, and Exile* (North Carolina, Duke University Press Books, 1999).

- Judy Chicago, *Through the Flower: My Struggle as a Woman Artist* (Bloomington, iUniverse, 1984)

- Emanuela De Cecco, *Gianni Romano, Contemporaries: paths and poetics of female artists from the 1980s to the present* (Milan, Postmediabooks, 2002)

- Manuela De Leonardis, *The blood of women. Traces of red on white cloth* (Milan, Postmediabooks, 2019)

- Helena Reckitt and Peggy Phelan, *Art and Feminism* (London, Phaidon Press, 2005)

- Faith Ringgold, *We Flew over the Bridge: The Memoirs of Faith Ringgold,* (North Carolina, Duke University Press Books, 1995

다큐멘터리

- *Women Art Revolution,* dir. Lynn Hershman Leeson, 2010

작품 언급과 저작권 정보

주디 시카고에 관한 19면은 《Through the Flower》 4장 'Fresno and the Women's Program'에 의지해 썼다. 또한 38-41면의 내용은 1장 'My Childhood'에서 가져왔다.

페이스 링골드에 관한 46-51면은 《We Flew over the Bridge: The Memoirs of Faith Ringgold》의 7장 'The 1960s: Is there a Black Art?'에 의지해 썼다. 또한 52-53면은 2장 'We flew over the bridge: performance art, story quilts'에 의지해 썼고, 56-59면은 8장 'The 1970s: Is There a Woman's Art?'에 의지해 썼다.

69면에서 인용한 **제임스 볼드윈**의 말은 《Notes of a Native Son》(Beacon Press, Boston, 2012.)에서 가져와 변형한 것이다.

아나 멘디에타에 관한 72-73면, 75-77면은 《Where Is Ana Mendieta?: Identity, Performativity, and Exile》의 '여는 글'에 의지해 썼다.

게릴라 걸스──언급된 모든 정보는 guerrillagirls.com에서 가져왔다. 106, 107, 110, 111면에 나오는 도판들은 guerrillagirls.com의 호의로 게재되었으며, 그 저작권은 Guerrilla Girls에게 있다.

감사의 말

에바 로세티
이 프로젝트에 초대해주었고, 나를 그토록 열렬히 환영해준 점에 대해 발타자르와 발렌티나에게
감사드린다. 산드라, 마르코, 그리고 스튜디오 RAM의 소중한 작업에도 감사드린다.

모두 아름답고, 각각 결이 다른 내 여자친구들에게 이 책을 바친다.

발렌티나 그랑데
나를 전문적으로 성장하게 해준 발타자르, 그리고 이 책의 모든 컷에 아름다움과 조화를 구축해준 에바에게
감사드린다. 또한 빼어난 전문성으로 함께 해준 마르코, 산드라, 스튜디오 RAM에게도 감사드린다.
영어 번역에 도움을 준 안드레아 카르보니, 비평을 해준 엘리사 코코, 그리고 칩 페스티벌, 이 책의 지면에도
등장하는 페미니스트 예술 듀오 TO\LET에게 감사드린다.
참고문헌에 도움을 준 시모나 브리게티, 버지니아 젠틸리니에게, 이 책의 끝을 장식하는 인용문과 자신들의
작품을 사용하도록 허락해준 게릴라 걸스에게 감사드린다.
만일 오늘날 내가 페미니스트 회합에 참석해서 나 자신이 모임의 일부라고 느낄 수 있다면, 그리고
무엇보다도 이 책과 같은 책을 쓸 수 있다면, 그건 발렌티나 핀짜 덕분이다. 그 어떤 말로도 이 감사의
심정을 표현하기는 어려울 것이다.

우리의 과거, 우리의 현재, 우리의 미래를 안전하게 보호해주고 있는 볼로냐 여성 센터 내 이탈리아 여성
도서관에 이 책을 바친다.

《페미니스트 아트》 북펀드에 참여해주신 분들

강남규	김보영	나희경	심재수	이선영	정세용
강수림	김상애	류소현	심정림	이수경	정지연
강예지	김성완	문보미	양인아	이수미	정혜율
강은혜	김수은	문 석	여지화	이수연	정호연
강효민	김수진	박민아	오세령	이정연	조누리
강희주	김영란	박 슬	오승희	이주원	조문주
경채현	김영미	박윤조	왕지원	이지선	조윤정
경희령	김영선	박주연	유대수	이 진	조혜진
고명주	김예선	박흥수	유대종	이진아	지영경
고인룡	김예진	박흥수	유일다	이태임	최가은
고재영	김유나	방지은	유지인	임규형	최남영
구성진	김유현	배경진	유지혜	임제이	최도순
권무순	김윤범	배진선	유지혜	임지현	최예은
권민지	김은심	백금채	유혜영	장성예	최혜원
권수현	김재천	변병호	윤기옥	장유진	하서현
길은지	김지수	서동상	윤비원	장주영	한경미
김경희	김지혜	선혜연	윤은주	장지현	한새롬
김남시	김진아	송인영	이경림	장진영	허 란
김누리	김태연	신동경	이규동	전주혜	홍남진
김미정	김희정	신미경	이다혜	정남기	홍지연
김민아	나우식	신하늘	이드보라	정모아	
김민아	나현주	심선화	이서윤	정민지